L⁴h
1109

L⁴h
1109

DÉPÔT LÉGAL
Dép! D'alger
92. — 28
1872

DÉFENSE NATIONALE

COMITÉ D'ALGER

COMPTE DES OPÉRATIONS

DU

COMITÉ DE DÉFENSE

PENDANT LA PÉRIODE

DU 1ᵉʳ OCTOBRE 1870 AU 18 JANVIER 1872

ALGER

TYPOGRAPHIE DE L'ASSOCIATION OUVRIÈRE, V. AILLAUD ET Cⁱᵉ,

Rue des Trois-Couleurs, 19.

DÉFENSE NATIONALE

COMITÉ D'ALGER

COMPTE DES OPÉRATIONS

DU

COMITÉ DE DÉFENSE

PENDANT LA PÉRIODE

DU 1ᵉʳ OCTOBRE 1870 AU 18 JANVIER 1872

ALGER

TYPOGRAPHIE DE L'ASSOCIATION OUVRIÈRE, V. AILLAUD ET Cᵉ,

Rue des Trois-Couleurs, 19.

RECETTES

1° Reliquat des sommes recueillies du 1er au 13 octobre 1870, à la réunion publique, salle Malakoff, sur la place du Gouvernement, et d'un versement de 300 fr. du citoyen Paul Blanc, pour être affectés spécialement aux frais de voyage des délégués envoyés à Tours (1) 25 30

2° Montant des souscriptions recueillies par les soins du citoyen Misset, du 29 octobre 1870 au 25 janvier 1871, dans le local de la Recette municipale. 70.733 67

A déduire : frais de transport d'argent payés à la poste et aux Messageries 3 37   70.730 30

3° Sommes versées directement à la Caisse du Trésorier du Comité, savoir :

Gestion Antoni, du 1er au 20 novembre 1870. . . . .   712 10

Gestion Kanoui, du 21 novembre 1870 au 20 octobre 1871   21.657 30   22.369 40

Total. . . . .   93.125 »

---

(1) Montant des sommes reçues. 2.525 30

Sommes payées aux délégués. . . . .   2.500 »

Reste en faveur de la caisse du Comité. 25 30

DÉPENSES

CHAPITRE 1er

Armement et Équipement

Nᵒˢ des pièces.	DÉSIGNATION des PARTIES.	NATURE DES DÉPENSES.	SOMMES PAYÉES	NATURE des PIÈCES JUSTIFICATIVES.
§ 1er. — Compagnie des FRANCS-TIREURS RÉPUBLICAINS. — Effectif: 80 Hommes.				
1	Leroy	Fourniture de trois sabres	165 »	1 facture quittancée.
2	Aron	Fourniture de 156 flanelles	1.404 »	Id.
3	Victor Amet	Divers objets de petit équipement	366 »	Id.
4	Sintès aîné	Frais de nourriture et de logement	250 50	Id.
5	Jauffret	Fourniture de casquettes	428 »	Id.
6	Perrotin	Fourniture de havre-sacs et ceinturons	1.450 »	Id.
7	Chiche jeune	Fournitures diverses, linge et chaussure	1.800 »	Id.
8	Larade	Fourniture de 78 vareuses et fanion	2.294 »	Id.
9	Pradal	Fourniture de havre-sacs et ceinturons	1.503 »	Id.
10	Timmerman	Fourniture de 80 cravates bleues	76 »	Id.
		Total	9.756 50	
§ 2. — Compagnie des FRANCS-TIREURS DE LA MORT. — Effectif: 30 Hommes.				
1	Altairac	Fourniture de 30 costumes complets	1.034 »	1 facture quittancée.
2	Moïse Molina	Fourniture de 30 képis	180 »	Id.
3	Tolza	Fourniture de 30 paires de souliers	300 »	Id.
4	Lartet	Fournit. de 30 gibernes, ceinturons et guêtres	900 »	Id.
5	Bartoli	Fourniture de 30 cabans toile cirée	600 »	Id.
6	Lhéritier	Remboursement de menus frais	118 »	Id.
		Total	3.132 »	

N.ᵒˢ des pièces.	DÉSIGNATION des PARTIES.	NATURE DES DÉPENSES.	SOMMES PAYÉES.	NATURE des PIÈCES JUSTIFICATIVES.

§ 3. — Compagnie dite PHALANGE ALGÉRIENNE. — Effectif : 75 hommes.

N.ᵒˢ des pièces.	DÉSIGNATION des PARTIES.	NATURE DES DÉPENSES.	SOMMES PAYÉES.	NATURE des PIÈCES JUSTIFICATIVES.
1	Dumain	Achat de chemises, etc.	250 »	1 bon quittancé.
2	Sintès	Frais de nourriture et de logement	92 85	1 facture quittancée.
3	Leroy	Fourniture d'un sabre d'officier	55 »	Id.
4	Chiche jeune	— de 75 paires brodequins	506 25	Id.
5	Perrotin	— de 75 havre-sacs	2.180 90	Id.
6	E. Giraud et Cᵉ	— de linge et chaussure	521 25	Id.
7	Larade	— de 75 vareuses et pantalons	2.130 »	Id.
8	Aron	— de 150 chemises flanelle	1.550 »	Id.
9	Timmerman	— de 75 cravattes	71 25	Id.
10	Girard	— de 40 casquettes	180 »	Id.
11	Jauffret	— de 35 id	140 »	Id.
12	Victor Amet	— de div. objets de pet. équipement	337 50	Id.
13	Tisci et Colas	— de 75 paires de guêtres de toile	450 »	Id.
		Total	8 265 »	

§ 4. — Compagnie des FRANCS-TIREURS DE L'ATLAS. — Effectif : 30 hommes.

N.ᵒˢ des pièces.	DÉSIGNATION des PARTIES.	NATURE DES DÉPENSES.	SOMMES PAYÉES.	NATURE des PIÈCES JUSTIFICATIVES.
1	Galien	Achat de chemises	150 »	1 bon quittancé.
2	Timmerman	Fourniture de div. objets de pet. équipement	414 90	1 facture quittancée.
3	Girard	— de 30 casquettes	135 »	Id.
4	Labade	— de 30 vareuses et pantalons	955 »	Id.
5	Chiche Jacob	— de 30 paires de souliers	270 »	Id.
6	Tisci et Colas	— havre-sacs, guêtres, etc.	1.113 »	Id.
		Total	3.037 90	

N° des pièces.	DÉSIGNATION des PARTIES	NATURE DES DÉPENSES.	SOMMES PAYÉES.		NATURE des PIÈCES JUSTIFICATIVES.
		§ 5. — Corps des VOLONTAIRES GARIBALDIENS. — Effectif : 252 hommes.			
1	Tabet frères . . .	Fournitures diverses, effets, chaussures, etc.	15080	»	1 fact. et 6 quittances.
2	Mallaret.	Frais de subsistance pour 12 hommes	36	»	1 bon quittancé.
3	Chaloum Fassina	Fourniture de 40 képis	160	»	1 fact. et 1 bon quitt.
4	Moïse Chiche . . .	— de guêtres et souliers	380	»	Id.
5	David Bouchara.	— d'habillement	1360	»	1 fact. et 3 bons quitt.
6	Timmerman	— de 40 havre-sacs en toile	680	»	1 fact. et 1 bon quitt.
7	Billard	— de 100 couverts fer battu	25	»	Id.
8	Sintès.	Frais de subsistance et logement	332	65	Id.
9	Ferré	—. —	199	60	Id.
10	Sintès.	— —	259	65	Id.
11	Divers	Prime d'engagement de 7 indigènes	300	»	1 bon quittancé.
12	Mollisson.	Fourniture de vivres aux sous-officiers	92	90	1 fact. et 1 bon quitt.
13	Ponsolle	— de vivres.	382	60	Id.
14	About	Frais de transport de vivres	7	»	Id.
15	Juillet-St-Lager	Fournitures de bureau	84	95	2 fact. et 1 bon quitt.
16	Jauffret	Fourniture de 85 képis	343	»	1 fact. et 1 bon quitt.
17	Vauxion	Frais de transport.	46	»	1 bon quittancé.
18	Bourbonnais	Fourniture d'un sabre	55	»	1 fact. et 1 bon quitt.
19	Tabet	Frais de transport	12	»	1 bon quittancé.
20	Chiche jeune . . .	1 paire de brodequins.	7	50	1 fact. et 1 bon quitt.
21	El Hadj Taïeb . .	Frais d'embarquement.	9	»	Id.
22	Ostertag	Fourniture d'un ceinturon	12	»	Id.
23	Jauffret	— de képis.	639	»	1 fact. et 2 bons quitt.
24	Billard	— de div. objets de pet. équipement	26	25	1 facture quittancée.
25	Passard	Transport d'effets d'habillement.	6	40	1 bon quittancé.
26	Sintès.	Frais de subsistance.	20	25	1 facture quittancée.
27	Vinson	Fourniture de pain.	217	80	1 fact. et 1 bon quitt.
28	Vauxion	Frais de transport.	20	»	Id.
29	Jauffret	Fourniture de 35 képis	131	25	1 état quittancé.
30	Cini.	— de vivres	267	»	1 facture quittancée.
		Total	21212	80	

N° des pièces.	DÉSIGNATION des PARTIES.	NATURE DES DÉPENSES	SOMMES PAYÉES.	NATURE des PIÈCES JUSTIFICATIVES.

§ 6. — Compagnie des FRANCS-TIREURS DE BLIDA. (Complément d'équipement.)

N° des pièces.	DÉSIGNATION des PARTIES.	NATURE DES DÉPENSES	SOMMES PAYÉES.	NATURE des PIÈCES JUSTIFICATIVES.
1	Salomon Moatti.	Fourniture de chaussettes et caleçons.....	43 20	1 facture acquittée.
2	Perrotin.......	— de 8 havre-sacs avec fourniments	232 »	Id.
3	Isaac Stora	— de 8 ceintures en laine........	14 80	Id.
4	Leroy.........	— de 2 sabres d'officiers	110 »	Id.
5	Rousseau	Gamelles et tasses fer battu...........	21 »	Id.
6	Chiche jeune ...	Guêtres et souliers...................	104 »	Id.
		Total..........	523 00	

§ 7. — Compagnie des FRANCS-TIREURS D'AUMALE. — (Complément d'équipement).

N° des pièces.	DÉSIGNATION des PARTIES.	NATURE DES DÉPENSES	SOMMES PAYÉES.	NATURE des PIÈCES JUSTIFICATIVES.
1	Victor Amet ...	Fourniture de 15 gamelles fer battu.......	18 75	1 facture acquittée.
2	Billard	— de 15 quarts —	6 50	Id.
3	Timmerman	— diverses....................	17 10	Id.
4	Chiche jeune ...	— de linge et chaussures........	279 45	Id.
5	Sintès.........	Frais de subsistance...............	90 75	Id.
6	Leroy.........	Fourniture d'un sabre d'officier	55 »	Id.
7	Chiche........	— de linge et chaussure	127 55	Id.
8	Victor Amet ...	— de div. objets de pet. équipement	13 65	Id.
9	Aron.........	— de 54 chemises flanelle........	486 »	Id.
		Total..........	1.094 55	

RÉCAPITULATION

Total général des dépenses d'armement et d'équipement......... 47.003 75

CHAPITRE 2.

Subventions accordées (ou indemnités) à divers, suivant décision du Comité.

1° A M. Chabassière. pour la construction d'une mitrailleuse........ 2.000 »
2° A M. Brulet, pour essai de fabrication de cartouches incendiaires... 75 »
3° A l'Ambulance algérienne, pour achat de matériel............. 23.000 »

Total du Chapitre 2............... 25.075 »

CHAPITRE 3.

Secours distribués, suivant décision du Comité, aux volontaires nécessiteux, ainsi qu'aux membres de leur famille dont ils étaient les soutiens.

1° Du 1er novembre au 31 décembre 1870, secours distribués à divers, y compris une somme de 1.000 francs envoyée au capitaine Landzman, pour être distribuée aux hommes de sa compagnie .... 1.740 »

Cette dépense est justifiée par 28 quittances des parties prenantes récapitulées dans un bordereau.

2° Du 1er au 15 janvier 1871, secours distribués à divers, y compris une somme de 300 francs, envoyée au lieutenant Lhéritier pour être distribuée aux hommes de sa compagnie.. 677 »

Id. 22 quittances, bordereau n° 2.

A reporter........ 2.417 »

Report........ 2.417 »

3° Du 16 au 31 janvier 1871, secours distribués à 29 volontaires blessés et nécessiteux... 544 » — Id. par 29 quittances, bordereau n° 3.

4° Du 1er au 15 février 1871, secours distribués à 30 volontaires, id.................. 455 » — Id. par 30 quittances, bordereau n° 4.

5° Du 16 au 28 février 1871, secours distribués à 28 volontaires, y compris une somme de 180 francs, montant d'une souscription en faveur des volontaires garibaldiens envoyée à Landzman......................... 650 » — Id. par 29 quitances, bordereau n° 5.

6° Du 1er au 15 mars 1871, secours distribués à 55 volontaires nécessiteux............... 625 » — Id. par 47 quittances, bordereau n° 6.

7° Du 16 au 20 mars 1871, secours à 90 volontaires licenciés ou nécessiteux.......... 445 » — Id. par 49 quittances, bordereau n° 7.

8° Du 21 au 25 mars 1871, secours à 127 volontaires licenciés et nécessiteux.......... 622 50 — Id. par 31 quittances, bordereau n° 8.

9° Du 26 au 31 mars 1871, secours à 76 volontaires licenciés et nécessiteux............ 442 » — Id. par 46 quittances, bordereau n° 9.

10° Du 1er au 5 avril 1871, secours à divers, y compris le remboursement, au fourneau économique de 50 francs de bons de soupe...... 252 » — Id. par 35 quittances, bordereau n° 10.

11° Du 6 au 10 avril 1871, secours à divers, y compris le remboursement de 200 bons de soupe délivrés.................. 154 » — Id. par 22 quittances, bordereau n° 11.

12° Du 11 au 15 avril 1871, secours à divers, y compris le remboursement de 500 bons de soupe.......................... 270 » — Id. par 30 quittance, bordereau n° 12.

13° Du 16 au 30 avril 1871, secours à divers, y compris 500 bons de soupe et une somme de 300 francs, allouée à titre d'indemnité d'entrée en campagne, à la 1re compagnie bis.. 855 » — Id. par 39 quittances, bordereau n° 13.

14° Du 1er au 31 mai 1871, secours à divers, en bons de soupe et fournitures de vivres..... 147 75 — Id. par 9 quittances, bordereau n° 14.

15° Du 1er juin au 30 septembre, secours à divers en argent et fournitures de vivres...... 260 70 — Id. par 11 quittances, bordereau n° 15.

Total du Chapitre 5.............. 8.009 95

CHAPITRE 4.

Frais généraux d'administration et de bureau.

1° Payé à divers pour achat d'un timbre, de trois drapeaux et pour diverses courses de voiture..... 57 » — Dépense justifiée par 4 factures quittancées.

2° Payé à Juillet St-Lager et à Garaudel pour fourniture d'imprimés, insertions et frais de bureau .... 1.295 50 — Dépense justifiée par 12 factures quittancées comprenant environ cent articles divers.

3° Payé à divers pour menues dépenses et affranchissement........................ 165 50 — Dépense justifiée par 7 quittances.

4° Payé à divers pour frais d'expédition des actes du Comité.......... .... 358 90 — Dépense justifiée par 8 quittances.

5° Payé pour traitement du Secrétaire du Comité, du 20 novembre 1870 à ce jour...... 1.500 » — Dépense justifiée par 10 quittances.

6° Payé à divers pour frais de voyage nécessités par le recrutement................... 1.003 10 — Dépense justifiée par 7 quittances.

7° Allocation au trésorier pour menues dépenses dont la justification n'a pas été produite (du 6 octobre au 19 novembre 1870)........ 99 90

8° Fouquet, son traitement du 24 septembre au 24 octobre 1871.................... 150 » — 1 bon.

9° Bastide, fourniture d'imprimés........ 42 » — 1 facture quittancée.

Total............... 4.651 90

RÉCAPITULATION GÉNÉRALE

Chapitre 1er 47.003 75
— 2.................................. 25.075 »
— 3.................................. 8.099 95
— 4.................................. 4.651 90

TOTAL GÉNÉRAL..................... 84.830 60

SITUATION AU 28 JANVIER 1872

Recettes effectuées à ce jour suivant détail d'autre part.............. 93.125 »
Dépenses effectuées   id.   id. 84.830 60

EXCÉDANT DE RECETTES.................. 8.294 40

Cet excédant est représenté par les valeurs ci-après :

1° Numéraire en caisse................................ 5.251 75
2° Fonds avancés pour diverses fournitures faites à la garde nationale
mobilisée et remboursables par la commune.......... 2.647 65
3° Fonds avancés à l'ambulance algérienne pour paie-
ment d'une caisse d'instruments de chirurgie......... 395 »

5.042 65 } Égal.

Certifié sincère et véritable le présent compte dans toutes ses parties et résultats.

Alger, le 28 janvier 1872.

Le Trésorier,
KANOUI.

Le Comité, en approuvant, dans sa dernière séance, les comptes ci-dessus et leur publication, a décidé que le reliquat qui en résulte serait versé au Trésor, au profit de la souscription pour la libération du territoire.

Toutefois, en présence de réclamations survenues depuis ce règlement, le Comité a pensé qu'il convenait de surseoir à ce versement pendant un délai de trois mois, à compter du jour de la présente publication, afin de permettre à toutes autres réclamations de se produire utilement.

Un avis publié dans les journaux fera connaître cette disposition dont l'exécution est confiée aux liquidateurs soussignés du Comité de défense.

Alger, le 20 mai 1872.

LORMAND.   KANOUI.

Nota. — Les pièces justificatives du présent compte sont déposées chez le citoyen Misset, rue St-Augustin, n° 2, à Alger, pour être tenues à la disposition du public, tous les jours, de midi à 2 heures, fêtes et dimanches exceptés.

Alger. — Imprimerie de l'*Association ouvrière*, VICTOR AILLAUD et Cⁱᵉ, rue des Trois-Couleurs, 19. — 529.

www.ingramcontent.com/pod-product-compliance
Lightning Source LLC
LaVergne TN
LVHW010250060726
842527LV00007B/2712